AF561881

JEAN CALVIN

ET

LES LIBERTÉS MODERNES

Imprimerie L. Toinon et Cie, à Saint-Germain.

JEAN CALVIN

UN DES FONDATEURS

DES

LIBERTÉS MODERNES

DISCOURS PRONONCÉ A GENÈVE

POUR L'INAUGURATION DE LA SALLE DE LA RÉFORMATION

Le 26 septembre 1867

PAR

M. MERLE D'AUBIGNÉ

Si l'homme n'a pas de foi, il faut qu'il serve,
et s'il est libre, qu'il croie.

A. DE TOCQUEVILLE.

PARIS
GRASSART, LIBRAIRE ÉDITEUR
2, RUE DE LA PAIX, 2

1868

Le titre de ce discours étonnera peut-être au premier abord. On considère ordinairement Calvin comme théologien et réformateur de l'Église et non comme ayant exercé quelque influence sur la société en général. L'auteur a déjà signalé ce dernier point de vue dans son histoire de la Réformation au temps de Calvin ; et il pourrait s'appuyer de l'opinion d'esprits éminents qui ont étudié à fond les causes de la civilisation européenne. M. Guizot, qui a été le premier en France à envoyer une offrande pour la salle érigée en l'honneur de la Réformation et du Réformateur, écrivait en même temps à l'auteur de ce discours (du Val Richer, le 19 mai 1861) : « Je ne dirai pas que Calvin est le premier » parmi les hommes rares dont l'influence a fait la civi- » lisation actuelle ; les sources de cette civilisation sont » plus variées ; mais il y a tenu certainement une » grande place, et une place qui grandira encore. Dieu » veuille que ses disciples comprennent tous et toujours, » que personne n'a été plus opposé que lui à l'anarchie » morale et sociale, qui se répand au sein même de

» notre civilisation et menace de la corrompre, malgré
» ses progrès. »

Des amis et actionnaires de la salle de la Réformation, que quelques-uns continuent à appeler *Calvinium*, ont manifesté le désir que l'on fît imprimer en un volume tous les discours prononcés lors de son inauguration. Il a paru à l'auteur que les pièces officielles devaient seules faire partie de cette publication. Son intention avait même été de n'imprimer son allocution sous aucune forme, soit parce que le goût du public n'est pas en faveur des *discours*, soit parce que la partie historique de cette composition doit se retrouver dans le prochain volume de son histoire. Il a réfléchi, toutefois, que ce fragment recevrait alors des développements assez considérables, et que si l'habitude de la plupart des auteurs est d'insérer dans quelque journal ou revue, un extrait de leur ouvrage, avant de le faire paraître, il pouvait bien en introduire un à l'avance dans une publication faite par lui. Il imprime donc cet écrit, avec quelques passages qui n'ont pas été prononcés à la séance, heureux d'accéder ainsi à la demande de ceux de ses amis qui ont paru désireux de recueillir tous les souvenirs de cette belle fête.

Elle a été belle, en effet. On disait que cette salle, avec ses trois étages, était inutile, que tout au moins elle était trop grande, et que les deux mille quatre cents places qu'elle renferme, sans compter les espaces où l'on peut se tenir debout, ne seraient jamais remplies. Or les portes étaient obstruées, soit dans la séance du jeudi, où le discours qui suit fut prononcé, soit dans celle du vendredi où M. Coulin, docteur en théologie, parla avec éloquence et vérité sur l'enseignement de

Christ ; et même, selon un témoignage positif, cent cinquante à deux cents personnes ne pouvant franchir la porte qui est près de la loge du concierge, furent ces deux jours obligées de se retirer.

Il y a des traits dans l'institution de cette salle, qui lui donnent un caractère particulier, — nouveau, pour ainsi dire. D'un côté, le nom qu'elle porte et le souvenir de Calvin qui s'y rattache y impriment une pensée sérieuse, évangélique, et sont un garant que l'on y maintiendra avec fermeté la pure et vivifiante doctrine des saintes Écritures. Mais d'un autre côté, elle est ouverte à tous les travaux littéraires, historiques, scientifiques, philosophiques qui, faits avec conscience, profondeur et ce sentiment d'humilité qu'exprimait un beau génie en disant : *Tout ce que je sais, c'est que je ne sais rien*, — ne peuvent que glorifier Dieu. Les arts libéraux mêmes, s'ils ont ce caractère, ne sont point exclus ; l'un des buts des fondateurs étant, comme l'a dit un journal politique fort répandu, « d'ajouter aux nobles efforts tentés à Genève pour populariser tout ce qui est beau, grand et vrai. »

Quand l'auteur demanda en 1861 l'érection d'une salle de la Réformation, il n'avait pensé qu'à des séances où l'on exposerait et défendrait le christianisme évangélique, à des écoles du dimanche et des réunions d'ouvriers. Mais ses collègues, les membres du conseil de la salle, dont le zèle a tant fait pour amener cette entreprise à une heureuse issue et auxquels il pensera toujours avec reconnaissance, ayant cru devoir élargir ce programme, il s'est rangé à leur avis. La sainte Écriture nous dit, en effet, de penser à toutes les choses qui sont *véritables*, *pures*, *aimables*, *de bonne re-*

nommée. Seulement les administrateurs veilleront sans doute attentivement aussi longtemps que la salle subsistera, à ce que rien ne porte dommage au but principal que l'on s'est proposé, savoir, selon l'expression d'un apôtre, *que les âmes soient en prospérité*.

L'auteur désire que ce discours, quoique dépouillé de cette parole vivante, qui, selon le mot d'un grand maître [1], est la première, la seconde et la troisième qualité de l'orateur, dissipe pourtant certains préjugés, réveille quelques esprits au sentiment des besoins de l'époque actuelle, et contribue ainsi au but pour lequel la salle de la Réformation a été élevée.

1. Démosthènes.

JEAN CALVIN

ET

LES LIBERTÉS MODERNES

Messieurs,

Une circonstance caractérise cette grande assemblée et me touche particulièrement. Les chrétiens qui la forment appartiennent à diverses catégories religieuses, même politiques, et pourtant ils sont *un*, unis par l'amour de l'Évangile. Je reconnais parmi vous des Genevois et des Suisses d'autres cantons, des Anglais, des Français, des Allemands, des Américains, des nationaux et des libres, des réformés et des luthériens, des presbytériens et des épiscopaux. Mais toutes ces diversités disparaissent à mes yeux et je ne trouve, je ne vois ici que des amis de cette bienheureuse Réformation, par laquelle Dieu rendit à la chrétienté sa parole divine, si longtemps enfouie sous les traditions des hommes. Heureux de la communauté de sentiments qui nous unit, je vous dis à tous : *Que la paix et la joie du Seigneur soient avec vous !*

Toute œuvre pour être solide doit avoir une base ferme ; lui en donner une sans consistance, fausse, incapable de résister au choc, serait la vouer à la destruction. Nous avons donc posé sans hésiter, comme fondement de cette salle, de cette institution, les grands faits, les grandes vérités de l'Évangile, que ni l'injure du temps, ni les coups des adversaires, pas même les *portes de l'enfer* ne sauraient ébranler. Nous ne nous sommes point laissé conduire par des idées d'éclectisme, d'indifférence, qui peuvent être conformes à une fausse philosophie, mais qui assurément ne le sont pas à l'Évangile. *Demeurez fermes dans la foi*, disent les Écritures, et nous voulons leur être soumis. Cependant nous désirons suivre la vérité *avec la charité*, comme parle un apôtre, et s'il y avait ici quelques personnes qui différassent de nous sur des points controversés, nous leur demandons de croire que nous savons estimer les caractères, les talents, les travaux, les convictions sincères et que nous aimons ceux qui ont d'autres opinions que les nôtres. Nous allons plus loin, et quoiqu'il n'y ait pas, sans doute, de catholiques romains dans cette assemblée, l'édifice qui va s'élever à côté de cette salle nous les rappelle [1], et tout en déclarant que nous maintenons et défendons avec décision les doctrines protestantes, nous ajoutons que nous demandons la liberté religieuse pour tous, même pour ceux qui nous sont contraires, et que non-seulement les catholiques, mais les adhérents de toute confession sérieuse, sont renfermés pour nous dans ce commandement de notre maître : *Tu aimeras ton prochain comme toi-même*. Il est difficile de voir jamais parmi les hommes une concorde universelle ; mais du moins, sur cette salle, élevée par des chrétiens de diverses dénominations, pourra être arboré, dans Genève, le drapeau de la paix.

Je viens, Messieurs, prendre ici une petite place, que mon âge et mes forces affaiblies diminuent encore. S'il y a eu pour moi *le temps de parler*, je me demande si ce n'est pas maintenant *le temps de me taire*. Il y a cinquante ans (juillet 1817) que je reçus dans cette ville la charge

[1] Une église catholique romaine.

de publier l'Évangile ; il va y avoir cinquante ans (octobre et novembre 1817) que l'Allemagne célébrant le grand jubilé de sa réformation, je commençai à prendre part à des réunions et fêtes chrétiennes, dans les lieux mêmes où Luther livra avec tant de courage ses premiers combats. Le mois passé, la Hollande, si chère au cœur des vieux Genevois, ayant convoqué à Amsterdam les chrétiens évangéliques de tout pays, ma vieille tête fatiguée par le travail m'a condamné à ne pouvoir répondre que par écrit à des invitations qui m'étaient bien précieuses. Permettez-moi d'en exprimer publiquement à mes amis de Hollande mes vifs regrets, ma sincère douleur. Si j'ai tenu à ne pas m'abstenir de même de la fonction à laquelle je suis appelé en ce jour dans ma patrie, veuillez vous rappeler que ma parole est celle d'un vieillard, et suppléer à ses nombreuses faiblesses par votre support et par vos prières.

J'ajoute un mot. Je vous ai parlé de 1817, vous transportant ainsi un demi-siècle en arrière; cette année fut aussi dans nos murs, comme en Allemagne, celle du réveil religieux. Plusieurs étudiants en théologie et jeunes ministres se mirent alors à étudier avec sérieux les saintes Ecritures; bientôt nous commençâmes à professer hautement la grande et joyeuse espérance que nous y avions trouvée. Hélas, la plupart ont été rappelés du milieu de nous, et il ne reste plus de ce feu, qui en réchauffa et en éclaira plusieurs, qu'un ou deux tisons à moitié éteints. La solennité de ce jour qui, en 1867, inaugure cette salle de la Réformation peut donc être considérée (excusez-moi si je prends plaisir à le faire) comme le jubilé mi-séculaire du réveil de Genève en 1817. Dieu veuille que cette journée soit le commencement d'un réveil plus vaste et plus puissant encore.

En 1861 des chrétiens évangéliques de tous pays se trouvant réunis dans notre ville, je proposai, pendant les conférences tenues dans notre antique cathédrale de Saint-Pierre, d'élever, en témoignage de notre gratitude envers Dieu, une salle qui fût une commémoration des grands bienfaits que le Seigneur a répandus sur l'Église par le réformateur Jean Calvin [1]. Aujourd'hui je viens dans cette salle, demandée alors et maintenant érigée, contribuer à son inauguration, en vous racontant l'arrivée de Calvin à Genève, et en caractérisant l'influence qu'il exerça non-seulement dans cette ville, mais aussi sur les peuples de l'Europe occidentale et même dans toute la chrétienté. Auparavant, toutefois, le cœur ému, je rends grâces à Dieu, pour la belle réponse qu'il accorde en ce jour au vœu exprimé il y a six ans, et auquel toute l'assemblée se joignit par une acclamation générale.

I

Messieurs, en 1536, année où le Réformateur arriva dans nos murs, Dieu y avait déjà opéré en partie la Réformation, par sa Parole, par son Esprit, par le ministère de Froment, de Viret et principalement de Farel. Toutefois il y avait encore beaucoup à faire, surtout si Genève devait avoir un rôle important dans la transformation de la chrétienté. Où était l'homme qui pouvait satisfaire à tous les besoins de cette époque et cette localité? Il fallait un théologien qui exposât la vérité, — un évangéliste qui amenât des âmes à Christ, — un champion qui combattît savamment et coura-

1. Voir *Conférences de Genève en 1861*. Vol. I, p. 390.

geusement les adversaires. Où trouver un docteur aussi bien doué? — Cherchons.

Au printemps de l'an 1536, un jeune chrétien français, qui avait déjà évangélisé dans plusieurs villes de sa patrie, se trouvait caché, sous un déguisement, à la cour de Ferrare. La souveraine de ce petit État, Renée, fille de Louis XII, qui à la plus belle intelligence unissait les plus sublimes vertus, était ravie de la perfection avec laquelle son jeune compatriote parlait et écrivait la langue francaise, et en l'appelant elle n'avait fait mention d'autre chose à son mari, vassal du pape. Cet hôte inconnu du palais de Ferrare portait avec lui toutefois un livre de théologie, dont il était l'auteur, l'*Institution de la religion chrétienne* [1]. Ce livre, appelé par un littérateur distingué de la France [2] « le premier » ouvrage de notre langue où l'on trouve un plan suivi, » une composition exacte, et parfaitement appropriée, » — et qui, selon un autre éminent critique, signale « une des intelligences les plus fortement douées qui » aient paru dans ce monde [3], » recevait déjà au seizième siècle d'universels hommages. Voilà *le théologien* demandé. On l'appelait à Ferrare M. d'Espeville, mais son nom véritable était Jean Calvin.

A peine arrivé à la brillante cour des ducs d'Este, le jeune Français chercha à conduire les âmes à l'Évangile. Il exposa l'amour du Sauveur et ses invitations pleines de douceur, dans une chapelle du palais peinte par le Titien ; — ce grand peintre était, dit-on, au nombre de ses auditeurs. Il ne parla pas en vain. « Calvin, » dit

1. Ce fait, qui nous paraît avoir été jusqu'à présent inconnu, et qui a quelque importance, sera rendu évident dans l'*Histoire de la Réformation*.

2. M. Nisard.

3. M. Gérusez.

le catholique Muratori, « infecta tellement Renée de ses » erreurs, que l'on ne put jamais retirer du cœur de » cette princesse le poison qu'il lui avait fait boire ». Plusieurs autres personnages distingués, français et italiens, entre autres le célèbre Soubise, furent aussi gagnés alors à Christ, par le ministère du jeune homme. Renée confessa hardiment l'Évangile jusqu'à sa mort, même en présence de son gendre le duc de Guise. « *Maintenant*, lui disait Calvin, qui voyait les obstacles dont la route de la pieuse duchesse était semée, *suivez droitement la lumière, sans décliner deçà ni delà.* » — Voilà *l'évangéliste* demandé.

Peu après son arrivée à Ferrare, Calvin avait remarqué un singulier personnage, maître François, chapelain de la princesse. Il voulut éclairer ce prêtre; mais François, tout en cherchant à parler évangéliquement, pour plaire à Renée, prétendait garder toutes ses pratiques superstitieuses. Un jour Calvin lui présenta des raisons si puissantes, pour les abandonner, que le chapelain *protesta avec grosses imprécations que jamais il n'assisterait à la messe, vu la grande abomination que c'était!* Celui qui put arracher un tel aveu à son adversaire, ne serait-il pas le *champion* requis?

L'émotion du chapelain passa bientôt; il ne pouvait se défaire de ses préjugés et il se plaignit des conséquences dangereuses qu'avait pour le culte romain le séjour de Calvin à Ferrare. Il y avait dans cette ville un tribunal de l'inquisition. Le saint office se mit à l'œuvre; un rapport fut fait au pape, et celui-ci demanda au duc d'Este l'éloignement de tous les Français qui étaient dans le duché. « Quant à M. d'Espeville, sachez, madame, dit le duc à la duchesse, que s'il est saisi il sera » à l'instant traîné au supplice, à cause de la religion. » L'inquisition saisit en effet le jeune Réformateur, et le livra à ses familiers, avec ordre de le conduire à Bologne, ville des États du pape, où l'on était sûr de sa condamnation. L'escorte, au milieu de laquelle se trouvait Calvin, n'était plus très-éloignée de cette ville pontificale, quand tout à coup des gens armés paraissent et ordonnent qu'on leur livre le prisonnier. Ceux-ci étaient les plus forts, l'inquisition dut obéir ; Calvin fut mis en liberté — *fu messo in libertà*, dit Muratori. On comprend que ces hommes d'armes étaient envoyés par la duchesse, décidée à sauver celui auquel elle devait tout. Ainsi se renouvelait, en Italie, la scène célèbre, où Luther fut délivré, près de la Wartbourg. Mais le cas du Réformateur français était plus grave que celui du docteur saxon, car il allait traverser plusieurs pays ennemis. Il y réussit pourtant, et enfin il quitta l'Italie en passant par la cité d'Aoste qui (comme vous le savez) a élevé à sa fuite un monument. Il se rendit à Noyon, sa patrie, puis partit de là pour Strasbourg et l'Allemagne.

Un soir du mois de juillet 1536 (le 5, à ce que l'on croit), une voiture de France arriva à Genève. Il en descendit un homme jeune encore, petit, maigre, le visage pâle, la barbe noire et pointue, d'une organisation débile, ayant l'air un peu miné par l'étude, mais dont le front haut, l'œil vif et sévère, les traits réguliers et expressifs indiquaient un esprit profond, une âme élevée, un caractère indomptable. Son intention était de *passer par Genève légèrement, sans s'arrêter plus d'une nuit en la ville*. Ce sont ses expressions. Il demandait donc une hôtellerie où il pût passer la nuit ; sa voix était douce et sa manière attrayante. Il n'arrivait guère alors une voiture de France à Genève, sans que quelques Genevois, ou du moins quelques Français réfugiés l'entourassent aussitôt, car elle pouvait amener de nouveaux fugitifs, obligés de chercher une contrée où ils fussent libres de professer la doctrine de Christ. Avec le personnage dont nous venons de parler se trouvaient aussi un homme et une femme à peu près du même âge. Ces trois voyageurs appartenaient à la même famille; ils étaient frères et sœur. Le principal d'entre eux, depuis longtemps habitué à ne pas se mettre en avant, désirait fort passer incognito à Genève; mais un jeune Français, alors son ami et son disciple, le reconnut et le conduisit à l'hôtellerie. Le jeune voyageur était Jean Calvin, et son ami était Louis Du Tillet, ancien chanoine d'Angoulême, compagnon de Calvin pendant son voyage en Italie. De Strasbourg, où il avait été attendre Calvin, il s'était rendu à Genève, peut-être parce qu'il pensait que la guerre entre François Ier et Charles-Quint obligerait son ami à faire un détour et à passer par la Bresse et la vallée du Léman. C'était en effet ce qui était arrivé. Si Calvin passait par Genève c'est que la route directe était fermée par les armées des deux puissants rivaux; il y venait sans dessein et même contre son gré.

Assis dans sa chambre, en son hôtellerie, avec Du Tillet, la conversation s'engagea naturellement sur la ville, inconnue du Réformateur, où il se trouvait alors. Il apprit, soit de Du Tillet, soit d'autres plus tard, que peu auparavant la papauté en avait été chassée, que le zèle, les combats, les épreuves, les travaux évangéliques de Guillaume Farel étaient incessants; mais que pourtant les choses n'étaient point encore « dressées en leur forme dans cette ville, » qu'il y avait des divisions dangereuses, et que Farel y était presque seul pour faire triompher l'Évangile. Calvin respectait Farel depuis longtemps, comme le plus zélé des évangélistes, mais il ne paraît pas qu'il l'eût jamais rencontré. Du Tillet ne put garder pour lui la nouvelle de l'arrivée de son ami, et en quittant Calvin il se rendit chez maître Guillaume. « Après m'avoir découvert, » *il me fit connaître aux autres*, » dit Calvin.

Farel avait lu l'*Institution chrétienne*, et reconnu dans l'auteur de cet écrit l'esprit le plus éminent, le théologien le plus scripturaire, l'écrivain le plus éloquent du siècle. Aussi la pensée que cet homme extraordinaire était à Genève, qu'il pouvait le voir, l'entendre, l'émut et le ravit. Il se hâta de se rendre à l'hôtellerie et entra en conversation avec le jeune théologien. Tout le confirma dans l'opinion qu'il avait de lui. Il cherchait depuis longtemps un serviteur de Dieu qui l'aidât, mais il n'avait jamais pensé à Calvin. Maintenant un éclair illumine son esprit, une voix intérieure lui dit : C'est l'homme de Dieu que tu demandes ! « Au » moment où j'y pensais le moins, dit-il, la grâce de » Dieu me le fit rencontrer. » — Dès lors point d'hésitation, point de délai !... « Farel, dit Calvin, qui brûlait » d'un merveilleux zèle d'avancer l'Évangile, fit tous » ses efforts pour me retenir. »

Mais réussirait-il? Jamais peut-être un homme ne fut, plus que Calvin, placé dans la position qu'il occupa toute sa vie, non-seulement sans son concours, mais encore contre sa volonté. — « Restez, lui dit Farel ; aidez-» moi, il y a à faire pour vous dans cette ville ! » — Calvin, étonné, répondit : « Excusez-moi ; je ne puis » m'arrêter ici *plus d'une nuit*. — Et pourquoi chercher » ailleurs ce qui s'offre maintenant à vous? s'écria Fa-» rel ; pourquoi vous refuser à édifier l'Église de Genève » par votre foi, votre zèle, votre savoir? » — Ces discours étaient inutiles; il semblait impossible à Calvin d'entreprendre une si grande tâche. « Mais Farel, animé d'un esprit héroïque, » dit Théodore de Bèze, ne se laissa point décourager, il représenta au jeune docteur que la Réformation avait été miraculeusement établie dans Genève, qu'elle ne devait donc pas y être lâchement abandonnée ; que s'il ne prenait dans ce travail la part qui lui était offerte, l'œuvre périrait peut-être, et qu'il serait la cause de la ruine de cette Église. Calvin ne pouvait se décider; il ne voulait pas se lier à une Église particulière ; il confessa à son nouvel ami qu'il préférait voyager pour apprendre, et se rendre utile dans tous les lieux où il s'arrêterait. « Regardez d'abord au » lieu où vous êtes, lui dit Farel ; la papauté en a été » bannie; les traditions y ont été abolies, il faut que » la doctrine des Écritures y soit maintenant ensei- » gnée. — Ah! s'écriait Calvin, je ne puis *enseigner;* j'ai » besoin au contraire d'*apprendre.* J'ai des travaux par- » ticuliers, pour lesquels je veux me réserver; cette » cité turbulente ne saurait m'offrir la tranquillité dont » j'ai besoin. » Son plan était, disait-il, d'aller d'abord à Strasbourg, près de Bucer et de Capiton, puis de se mettre en rapport avec les autres docteurs de l'Allemagne, et d'accroître son savoir par de constantes études. — « Des études! répondit Farel, de la tranquil- » lité, du savoir!... Eh quoi! ne faut-il donc pas *agir?* » Je succombe à la peine... de grâce, secourez-moi! » — Calvin avait encore d'autres raisons. Sa constitution était faible. « Ma santé chancelante, dit-il, a besoin de » repos. — Du repos!... s'écria Farel, la *mort* seule per- » met aux chevaliers de Christ de se reposer de leurs » labeurs. » Calvin, certes, ne prétendait pas ne rien faire. Il travaillerait, mais, pensait-il, chacun travaille selon le don qu'il a reçu. Il défendrait donc la Réforme, non par des actions, mais par des écrits. Or, selon Farel, le Seigneur n'avait pas dit : *Écrivez;* mais *prêchez l'Évangile à toute créature.* D'ailleurs il se présentait d'autres obstacles à l'esprit du docteur ; il craignait de paraître devant les assemblées de Genève. On parlait beaucoup de la violence, des tumultes, de l'esprit indomptable des Genevois, et tout cela l'intimidait. A quoi Farel répondait, « que tant plus la maladie est grave, » tant plus faut-il s'employer à la guérir. » — Les Genevois crient, il est vrai, ils s'élèvent comme un vent de tempête. Mais est-ce là une raison pour le laisser seul, lui, à soutenir ces furieux orages? « Je vous en supplie, disait l'intrépide évangéliste, prenez-en votre » part! Ces affaires sont plus dures que la mort. » Le fardeau était trop pesant pour ses épaules, il fallait qu'un plus jeune lui prêtât les siennes. Mais le jeune homme de Noyon s'étonnait que ce fût *à lui* qu'on pensât.

« Je suis timide, mol, pusillanime de ma nature, di» sait-il ; comment pourrais-je soutenir des flots tant im» pétueux ? » Alors Farel ne put contenir un sentiment de colère et presque de mépris : « Les serviteurs de » Jésus-Christ, s'écria-t-il, doivent-ils être si délicats » que la guerre leur fasse peur? » — Ce coup émut l'âme du jeune Réformateur. Lui, avoir peur ! préférer ses aises au service du Sauveur !... Sa conscience fut troublée ; son âme était violemment agitée ; mais une chose l'arrêtait encore, c'était le sentiment de son incapacité pour le genre de travail qu'on voulait lui faire prendre. « Je vous en prie, s'écria-t-il, au nom de » Dieu, ayez pitié de moi ! laissez-moi le servir autre» ment que vous ne l'entendez. » Alors Farel, voyant que ni les prières ni les exhortations ne pouvaient rien sur Calvin, lui rappela un exemple effrayant d'une désobéissance semblable à la sienne. « Jonas aussi, » dit-il, voulut s'enfuir de devant l'appel de l'Eternel, » mais l'*Eternel le jeta à la mer*. » La lutte alors devint plus vive dans l'âme du jeune docteur. Il éprouvait de violentes secousses, comme un chêne quand il est assailli par l'orage; il pliait et se relevait; bientôt un dernier coup de vent, plus impétueux que tous les autres, allait le déraciner. L'émotion du plus âgé des deux interlocuteurs s'était accrue, de moment en moment, en même temps que celle du plus jeune. Le cœur de Farel était *échauffé au dedans de lui*, et en cet instant suprême, se sentant comme saisi par l'Esprit de Dieu, il leva la main vers le ciel et s'écria : « Tu ne penses » qu'à ta tranquillité, tu ne te soucies que de tes études..... Eh bien, au nom du Dieu tout-puissant, je » t'annonce que si tu ne réponds pas à son appel, il ne » bénira pas tes desseins !... » Alors, comprenant que c'était le moment de la crise, il joignit à cette déclaration une *adjuration épouvantable;* il en vint même jusqu'à une *imprécation.* Fixant sur le jeune homme son œil de feu, et mettant les mains sur la tête de sa victime, il s'écria de sa voix de tonnerre : « Que Dieu » maudisse ton repos ! que Dieu maudisse tes études, » si en une si grande nécessité tu te retires et te refuses de donner aide et secours ! »

A ces mots, le jeune docteur, que Farel tenait depuis quelque temps comme sur la roue, tressaillit. Il tremblait de tous ses membres; il sentait que Farel ne parlait pas de lui-même; la sainteté de la présence de l'Eternel s'emparait fortement de son esprit; *il voyait Celui qui est invisible.* Il lui sembla, dit-il, « que la main » de Dieu descendait du ciel, qu'elle le saisissait, et » qu'elle le fixait irrévocablement à la place qu'il était » si impatient de quitter[1]. » Il ne pouvait se dégager de cette terrible étreinte. Changé en statue, comme la femme de Lot, quand elle regrettait sa tranquille

1. *Ac si Deum violentem mihi e cœlo manum injiceret.* — (CALVIN.)

demeure, Calvin était atterré et incapable de se mouvoir. Enfin il releva la tête; la paix revenait dans son âme; il s'était rendu; il avait sacrifié ses études qui lui étaient chères; il avait mis son Isaac sur l'autel, et consentait à *perdre sa vie pour la sauver*. Sa conscience, convaincue, lui fit tout surmonter pour obéir. Cette âme si sincère, si fidèle, se donna, et se donna pour toujours. Voyant que ce qu'on lui demandait était selon Dieu, dit Farel, il se fit *violence. Et il a plus fait*, ajoute-t-il, *et plus promptement fait, que personne n'eût fait.*

Cet appel de Calvin dans Genève est peut-être, après celui de saint Paul, le plus remarquable qui se trouve dans l'histoire de l'Église. Il ne fut pas miraculeux, comme celui de l'Apôtre sur la route de Damas ; et pourtant il y avait eu aussi là, dans la chambre de cette hôtellerie, un éclair. Un coup de foudre, c'est-à-dire la voix que Christ faisait retentir dans son cœur pour abattre son obstination, avait rendu Calvin étonné, éperdu, comme si véritablement un tonnerre s'était fait entendre du ciel. Son cœur avait été percé; il avait fléchi avec humilité; et presque étendu en terre, il avait senti qu'il ne devait plus *batailler* contre Dieu et *regimber contre l'aiguillon*. Il comprenait que celui qui lui faisait sentir ses *piqûres* [1], avait en lui un souverain remède, propre à *guérir toutes ses plaies*. Il ne voulait plus s'emporter comme un courrier fougueux, mais, *semblable à un cheval traitable, se laisser paisiblement gouverner sous la main de Dieu* [2]. Il se livra au Seigneur, plein de confiance et d'amour.

Dès lors la propagation et la défense de la vérité devinrent l'unique passion de sa vie et il lui consacra toute la puissance de son âme. Il eut encore, après cette

1. Expression de Calvin.
2. De même.

heure solennelle, à soutenir « grande sollicitude, dit-il, » tristesse, larmes et détresses. » Mais sa résolution était prise. Il n'était plus à lui-même, mais à Dieu. « En tout et partout, il se rangerait pleinement sous son obéissance. » Il n'oublia jamais l'adjuration épouvantable dont s'était servi Farel. Ce n'était pas lui, pensait-il, qui s'était mis à la place qu'il occupait; il y avait été mis par le bras de l'Eternel. Aussi, quand il rencontrait des obstacles, il se rappelait « la main descendant du ciel », et connaissant sa souveraine puissance, il prenait courage.

Il ne s'arrêta pourtant point alors à Genève. En quittant la France, le Réformateur s'était engagé à accompagner à Bâle un de ses parents, nommé Artois. Pendant quelques jours les frères de Genève se refusèrent à le laisser aller. A la fin, voyant que Calvin était décidé, ils se bornèrent à extorquer de lui, dit-il, l'engagement de revenir. Puis il partit pour Bâle avec son parent. En route, nouvelles importunités; les Églises, que l'auteur de l'*Institution chrétienne* salue dans son voyage, veulent le retenir; c'est probablement de Lausanne, de Neuchâtel et de Berne qu'il s'agit. Enfin Calvin arriva à Bâle, et y ayant fait ce qu'il avait à faire, il reprit la route de Genève, probablement dans la seconde quinzaine d'août. Mais à peine y est-il arrivé que sa frêle santé fut ébranlée, un violent catarrhe le saisit, il en fut malade pendant neuf jours. Les bises soufflent très-fort au mois d'août. Un violent vent du nord, nous l'avons dit ailleurs, parut plus tard vouloir tout briser autour de Calvin, quand il était déjà sur ce lit où il devait rendre son âme à Dieu. Le 27 mai 1864, troisième anniversaire séculaire de sa mort, lorsque nous consacrâmes, en plein air, le terrain sur lequel cette salle s'est élevée, il faisait de nouveau une bise violente, il vous en souvient ; et aujourd'hui, ce même vent du nord, soufflant avec force, a jeté les eaux du lac sur nos quais et abattu des arbres dans nos campagnes. Ce vent, venu du septentrion, qui dissipe les miasmes et purifie l'air, semble avoir quelque sympathie avec la mémoire du Réformateur. Quoi qu'il en soit, telle était la bienvenue que la région des Alpes donnait au jeune homme de la Picardie, faible présage de tout ce qui devait l'assaillir plus tard dans nos murs.

Calvin, relevé de son indisposition, se mit aussitôt à l'œuvre pour laquelle on l'avait retenu. Comme il devait avoir des auditeurs nombreux, hommes, femmes, jeunes gens, vieillards, Genevois et étrangers, on lui assigna pour salle la cathédrale de Saint-Pierre. C'était dans ce vaste édifice, où les heures canoniales avaient été si souvent chantées que Calvin allait inaugurer le règne de la sainte Écriture. Les portes de Saint-Pierre s'ouvrirent ; le chétif, humble, mais puissant docteur, en franchit l'entrée gothique ; une grande foule pénétra avec lui dans la nef, dont la majestueuse grandeur semblait si bien en harmonie avec l'enseignement nouveau qui allait s'y faire entendre ; et bientôt sa voix retentit sous ces antiques voûtes.

II

Voilà donc Calvin arrivé et établi dans Genève ; c'est le fait que nous devions d'abord rappeler dans ce jour où nous inaugurons cette salle, érigée, Dieu aidant, par des dons généreux, en commémoration des bienfaits infinis que le Seigneur nous a communiqués par l'établissement au milieu de nous de sa Parole et de son règne.

Maintenant, nous nous demandons quelles ont été les conséquences du séjour et de l'enseignement du Réformateur? Indiquons-en une seule. Il est devenu l'un des fondateurs, et l'un des plus influents, des libertés et de la prospérité des nations modernes. L'instruction s'est répandue dans cette ville; des lumières nouvelles l'ont éclairée; la moralité s'y est accrue; la religion y est devenue vérité et vie; une grande prospérité lui a été accordée; elle a grandi sous toutes les directions.

Mais ce n'est pas dans Genève seulement qu'une telle transformation s'est opérée. Il est dans l'état actuel du monde une circonstance qui frappe les esprits attentifs. Les peuples dans le sein desquels la liberté, la moralité, la prospérité se sont développées, sont ceux dont l'existence a été purifiée et fortifiée par un principe religieux; ceux qui ont subi l'influence de la Réforme et surtout de celle de Calvin. Partout où les principes de ce grand Réformateur sont reçus, en Hollande, en Écosse, en Angleterre, aux États-Unis, ailleurs encore, la liberté triomphe, la moralité publique et la prospérité l'accompagnent, tandis que dans les pays qui ont repoussé cette grande transformation, la liberté échoue, et le reste est compromis avec elle. Pourquoi se trouve-t-il parmi vous, Messieurs, des amis venus des diverses contrées qui ont subi l'influence du Réformateur? Parce que vous avez voulu apporter en ce jour, dans la cité de Calvin, le tribut de votre reconnaissance. Vous êtes venus dire : La lumière que Dieu a fait jaillir de cette humble cité, a apporté à nos peuples non-seulement la vérité, mais la liberté et tous les développements salutaires qui découlent de ces deux grands principes.

Qu'a donc fait Calvin? Qu'a fait la Réformation, pour la liberté, la moralité, la prospérité des peuples?

Depuis plusieurs siècles, une puissance arbitraire comprimait d'une main inflexible les esprits et les faisait passer sous le joug pesant d'une autorité sacerdotale. Le pouvoir absolu qui siégeait au Vatican enchaînait la pensée humaine au pied des sept collines, comme la Rome antique y avait jadis enchaîné les peuples et les rois. Le premier fait de la Réformation fut de briser ces chaînes et d'affranchir la pensée captive. L'homme, par elle, récupéra la liberté que l'Évangile a donnée à tous les chrétiens, quand il a dit par la bouche de l'Apôtre : *Je vous parle comme à des personnes intelligentes; jugez vous-mêmes de ce que je dis.* La Réformation a été, dans l'un de ses traits essentiels, une émancipation des mineurs, un affranchissement des esclaves, et, comme on l'a fort bien dit, « un besoin nouveau de penser, de juger li- » brement, un grand élan de liberté de l'esprit hu- » main [1]. »

La Réformation n'a pas été seulement la réforme de quelques abus, mais, dans le sens le plus noble, une révolution. Elle a substitué un pouvoir à l'autre, un roi à un autre roi; elle a changé la dynastie. Le roi de l'Église n'est plus l'homme du Quirinal, et la loi, ce ne sont plus ses bulles, ses encycliques, ses décrétales. Le *roi* est celui qui siége dans le ciel, et la *loi*, c'est sa Parole, sa sainte révélation, proclamée dans l'Évangile. La Réformation a transporté l'autorité — d'un être humain à l'Être divin, et c'est là ce qui a fait sa force. Si, dans le XVe siècle, les conciles ne parvinrent pas à rendre la liberté à l'Église, si la renaissance classique d'Érasme, de ses amis, et leurs critiques spirituelles et souvent

1. M. Guizot.

mordantes n'y parvinrent pas davantage, c'est que les uns et les autres manquaient de la base ferme sur laquelle s'établirent les Réformateurs, — la Parole de Dieu.

Or nul n'a plus contribué que Calvin à cette glorieuse révolution. Sans doute l'héroïque Luther commença la bataille, mais celui qui l'acheva et qui décida la victoire fut Calvin.

Qui a signalé et attaqué avec plus de force cette domination arbitraire, dont les bulles étaient écrites et les échafauds dressés, pour enlever à l'homme son indépendance? « La papauté, disait Calvin, s'étant peu à » peu élevée en la grandeur où on la voit, *toute liberté* » *a été opprimée* et toute équité confondue. C'est une » lourde ignorance et une sotte interprétation, que » de prétendre qu'il faut obéir au pape, et (excusez » le style du XVIe siècle) à ses bêtes *cornues*, quelque » griève et insupportable que soit la tyrannie qu'ils » exercent. » Sans Calvin et ses héroïques disciples, la papauté, humainement parlant, eût à la fin écrasé la Réforme, et avec elle les libertés modernes.

Qui, au XVIe siècle, plus que Calvin, s'est efforcé d'établir la distinction entre l'ordre spirituel et l'ordre temporel, ce grand principe, si nécessaire à la vraie liberté? — « Il y a, disait-il, une distinction tout évidente » entre le gouvernement spirituel et le politique ou » civil. Christ a distingué le règne spirituel de Dieu » d'avec l'état de la vie présente. Si les *princes* usurpent » quelque chose de l'autorité de *Dieu*, il ne leur faut » point obéir, sinon autant qu'il se pourra faire sans » offenser Dieu. » Et à la théorie il joignait la pratique; il combattait énergiquement le puissant État de Berne, qui prétendait maintenir la confusion des deux domaines, et gouverner despotiquement l'Église. Il allait même jusqu'à s'écrier, dans sa douleur : « Que

» vaut-il mieux? se soumettre à *Rome* ou à *Berne?* [1] »

Qui, comme Calvin, brisant l'esprit prêtre, cette source de tant de maux dans le monde, sortit la religion du domaine exclusif du clergé, et appela des laïques fidèles à partager avec les ministres du culte le gouvernement de l'Église? L'institution des *anciens* est le caractère le plus saillant des Églises presbytériennes. Calvin, allant plus loin encore, rappelle que, dans les temps apostoliques, ceux qui avaient charge dans l'Église, étaient nommés par la voix du peuple. « Le » peuple, disait-il, ainsi que les historiens le témoignent, » levait les mains, pour déclarer lequel il voulait avoir. » Certes, voilà des principes favorables à la liberté dans l'Église et qui devaient l'introduire dans l'État.

Au reste, Messieurs, il suffit, pour s'instruire sur ce point important, de jeter un regard sur l'état actuel des peuples — ou même seulement sur une carte de géographie. On colorie quelquefois une mappemonde, et l'on y indique au moyen de diverses nuances, le plus ou moins grand degré de civilisation des diverses parties du globe terrestre. Appliquons cette méthode à la plus ou moins grande liberté dont ont joui, pendant les trois derniers siècles, les divers pays du monde chrétien : que nous dit cette mappemonde enluminée? Les pays soumis à la papauté, l'Espagne, l'Italie et d'autres, sont ceux où la couleur est la plus foncée. Puis viennent avec une certaine nuance entre blanc et noir, les contrées où la Réformation a exercé quelque temps une incontestable influence, mais a été ensuite en partie vaincue ; il n'est pas nécessaire de les nommer. Après cela, nous trouvons des pays, dont la nuance est déjà remarquable par sa blancheur, quoique avec une

1. Utrum generosius fuit Bernæ aut Romæ subjici?

ombre légère; ce sont ceux où la réformation luthérienne s'est établie. Mais quelles sont ces contrées où la teinte est franche et lumineuse? Regardez bien. Ce sont celles où les principes de Calvin l'ont emporté — non-seulement Genève, mais la Hollande, la Grande-Bretagne, les États-Unis et d'autres.

« Sans doute, s'écrient les adversaires les plus décidés de la Réformation et de Calvin, Joseph de Maistre dans ses divers écrits, Haller dans sa *Révolution religieuse* et leurs pareils : la Réformation et surtout celle de Calvin est la mère de toutes les révolutions et de tous les troubles parmi les peuples! » Jamais assertion n'a été démentie avec plus d'éclat par les faits. Les régions réformées sont au contraire les plus tranquilles et les plus loyales; l'ordre y marche avec la liberté; tandis que les contrées soumises au pape, sont agitées par des troubles incessants. Si vous voulez savoir ce qu'il faut penser des vertus pacifiques et respectueuses de ce catholicisme romain, que le farouche Philippe a fait triompher en Espagne, par le fer et par le feu, demandez-le à la reine Isabelle, effrayée sur son trône par les éruptions continuelles d'un inextinguible volcan ! Demandez au pape lui-même, à ce vieux et aimable prêtre, sans cesse harcelé sur son territoire par des bandes qui veulent mettre fin à sa domination[1], demandez-lui ce qu'il pense du calme et de la soumission, que sa religion a su inspirer à ses chers peuples catholiques d'Italie. La papauté, perpétuellement armée, comme le montrent ses encycliques, contre toutes les libertés que notre époque réclame avec une inébranlable décision, est une cause perpétuelle de luttes intestines et de tempêtes au milieu des nations.

1. Automne, 1867.

Mais s'il en est ainsi dans les États catholiques romains, qu'est-ce qui fait qu'il n'en soit pas de même dans les libres et tranquilles contrées soumises à l'influence de la Réformation? Le motif, le voici. Le principe de la liberté n'y est pas *seul*. S'il se trouve, au milieu d'un peuple, sans le principe chrétien, qui est l'esprit modérateur du monde, il conduira infailliblement au désordre; l'histoire nous en présente des exemples assez éclatants, pour que nul ne l'oublie. C'est ici la raison pour laquelle la liberté, dont Calvin a été l'un des plus illustres fondateurs, marche, dans les nations qui l'ont reçue, en tenant par la main l'ordre et la paix. Calvin n'a pas proclamé une liberté où rien ne contrebalance et ne réprime les passions égoïstes qui sont dans le cœur de l'homme. Voulant donner à l'édifice un fondement solide, il a creusé plus profond que les publicistes vulgaires, et établi sur des bases fermes comme le roc, l'indépendance, la paix, la prospérité des nations.

La première des bases qu'il a posées, c'est le principe moral. Dans les peuples libres, où le pouvoir des hommes est moindre, il faut que le pouvoir de Dieu soit plus grand. Si les liens temporels sont plus faibles, il faut que les liens spirituels soient plus forts; sans quoi tout équilibre sera bientôt rompu, et les hommes se livreront à leurs passions effrénées. Il fallait relever, au milieu de la chrétienté déchue, le règne de la sainteté, si longtemps foulée aux pieds par tant de moines, de prêtres et de papes. La Réformation commença avec Luther par la foi; elle s'accomplit avec Calvin par la vie morale. Il enseignait que le citoyen doit travailler au salut de son peuple, non-seulement par ses forces corporelles, mais encore par ses forces morales. « Ce » n'est pas, » disait-il un jour à un homme qui avait combattu pour la liberté, « ce n'est pas la marque d'un » bon citoyen que de répandre son sang pour la patrie » et puis de réclamer pour récompense la licence de » pécher, autant qu'on voudra. » Selon lui, les citoyens font plus de bien par leurs vertus, leurs bonnes œuvres, leurs bons exemples, que par leurs épées et leurs arquebuses. La Réformation fut le réveil de la conscience, et sans la conscience un peuple libre ne peut exister.

La seconde des bases que Calvin a posées, c'est la nécessité de la transformation de l'individu. La morale ne doit pas être seulement un ensemble de doctrines, au moyen desquelles on fait de beaux discours. Tous ces fins systèmes de morale indépendante et même dépendante ne sont rien si la vie individuelle de chaque citoyen ne les reproduit et n'en montre la réalité. « Dans le règne de Christ, disait Calvin, il n'y a que le » *nouvel homme* qui ait de la vigueur et dont il faille faire » cas. » Ce nouvel homme, Messieurs, cet homme chrétien *que le Fils a affranchi*, c'est l'homme qui sera *véritablement libre*. Si je suis entré dans une vie nouvelle, où mon âme est pleinement et librement soumise à Dieu, je suis *libre* quant au monde, quant aux hommes, et, comme les disciples de Calvin en France, je donnerai avec joie ma vie pour la vérité. Mais si je tiens à autre chose qu'à Dieu, ce sont là des chaînes avec lesquelles les hommes pourront facilement faire courber ma tête et m'asservir.

La troisième des bases que Calvin a posées, c'est la foi et l'amour. La foi en Christ nous donne *le droit d'être fait enfant de Dieu.* La foi vivante que Dieu allume dans les cœurs opère seule la transformation nécessaire à la liberté. Christ trouve l'homme plongé dans l'égoïsme, ce grand ennemi des individus et des nations; il le relève, il l'unit à Dieu ; il place dans son cœur une flamme divine, qui produit en lui le dévouement et le sacrifice. « Si l'homme n'a pas de foi, il faut qu'il serve, et s'il est » libre, qu'il croie[1]. » Ce n'est pas tout que de connaître la loi morale, il faut avoir la force de la pratiquer. Et cette force, c'est la foi agissant par l'amour qui la donne. « L'amour de Dieu, disait Calvin, n'est pas une » chose oisive. Celui qui aime Dieu a nécessairement » ses affections *dressées en justice.* On ne peut aimer Dieu » *nuement.* — Continue comme tu as commencé, écrivait-il » à un jeune prince, qu'il introduisait dans les sentiers » de la foi, et tu acquerras ainsi une conscience pure » devant Dieu et devant ses anges. C'est là la véritable » *place d'honneur*, et toutes les autres places et pompes » du monde ne sont rien en comparaison de celle-là. » Il est bon que Genève soit la Rome de l'intelligence, comme on l'a naguère appelée[2], et nous ajoutons la ville de la liberté; mais il faut pour cela qu'elle soit la ville de la foi. *Per fidem ad intellectum.* Par la foi à l'intelligence. C'est la devise du sage chrétien.

Enfin la quatrième base, posée par Calvin pour assurer la liberté et la prospérité des peuples, c'est le dévouement *inébranlable* au devoir, c'est la fermeté. Le manque de cette qualité, selon un historien philosophe de nos jours, a privé plusieurs pays des biens que possèdent les libres nations réformées. Quand le danger est venu, ces héros d'un jour, dépourvus de foi, ont plié devant le pouvoir. Il n'y avait rien que Calvin redoutât comme cette faiblesse qui mène à la chute. « On passe » un pied *plus outre*, écrivait-il à l'un de ses amis qui » commençait à faillir, on se retire petit à petit, on

1. A. de Tocqueville.
2. Le général Garibaldi à Genève.

» tombe de la droite ligne et l'on se précipite en ruine » et perdition. Gardons-nous de nous retirer jamais, ne » fût-ce *que de la largeur d'un ongle*, de l'obéissance à » notre Dieu. » Et il disait à d'autres : « Si les hommes » veulent mettre nos consciences en esclavage, nous » devons leur résister constamment, voire jusqu'à la » mort. Ne vous *enchevêtrez* plus du joug de servitude. » Ce serait faire grandes injures à Christ, qui est l'*au-* » *teur de notre liberté.* » Et de cette fermeté, il ne cessa de donner lui-même l'exemple. Vous savez, Messieurs, la devise gravée sur le revers de notre belle médaille de Calvin ; c'est celle de Moïse : *Il tint ferme, comme s'il eût vu Celui qui est invisible.*

Le Réformateur sans doute avait recours encore à d'autres moyens. Il répandait dans Genève la connaissance des lettres, et notre académie en est un irrécusable témoin. Il supprimait les maisons de jeu, réprimait la mendicité, cherchait à exciter la bienfaisance, s'efforçait même de faire régner la propreté dans nos étroites rues pour prévenir la peste. Il encourageait l'industrie et proposait au conseil d'introduire le tissage[1] et d'autres fabriques dans nos murs. Rien de ce qui pouvait être utile à l'homme ne lui était étranger.

Mais ce qu'il demandait avant tout, c'était Dieu, DIEU AVEC NOUS. « Il faut, disait-il, que Dieu retienne toujours » le souverain empire. » Nos docteurs actuels, plusieurs de ceux du moins qui écrivent ou qui parlent dans certains congrès, veulent un peuple sans Dieu ; Calvin voulait un peuple avec Dieu. Il prévoyait qu'un peuple sans Dieu, livré à ses penchants naturels, à ses imaginations enthousiastes, à ses appétits cruels, sortirait de la voie royale de la liberté, et se jetterait dans celle

1. Tissage de laine.

du désordre, du despotisme, du libertinage, de la guerre, du sang, de la terreur.

Et ne croyez pas que le Réformateur s'en tînt à la théorie ; les principes qu'il professait, il les pratiquait. « Pourquoi ? écrivait-il à des réformés de France, pro- » voquer vos adversaires par des actes d'une violence » insensée ? Pourquoi brûler les images et abattre les » croix ? C'est là une œuvre que le magistrat seul a le » droit de faire ; les soldats n'ont pas celui de piller » les églises. Quoi ! obtenir la liberté par le tumulte, » par les armes !... disait-il avec douleur. Ah ! c'est par » une tout autre voie qu'elle doit être cherchée. Je ferai » tout ce qui est en mon pouvoir pour porter les mé- » contents à mettre bas les armes. Plutôt *tous périr* que » de voir régner le désordre. *L'honneur de Dieu est* » *plus précieux que notre vie.* »

Et si, partant du jour où Calvin prononçait ces paroles, nous arrivons à l'époque où nous sommes, nous les lisons encore gravées dans les cœurs de ceux qui ont reçu les enseignements salutaires de la Réformation. Ces nobles principes, perpétués au milieu des peuples, ont enfanté des faits et protégé l'ordre et la liberté. Dans ces jours néfastes de 1848, où des entraînements révolutionnaires, provoqués peut-être par le manque de mesures sages et vraiment libérales, remuèrent profondément la France, bientôt toute l'Europe, et firent fondre une nouvelle et terrible tempête sur cette famille des Bourbons, destinée à expier plusieurs fois les méfaits de ses ancêtres ; dans ces *journées de février*, où ce trône, qui avait cru fonder le règne de la liberté, s'écroula au milieu des bruyantes agitations du peuple, que se passait-il de l'autre côté de la Manche ? En Angleterre, des hommes qu'animaient aussi des désirs révolutionnaires, les chartistes, formèrent une immense procession, afin de parcourir tous les quartiers de Londres. Des résolutions soudaines pouvaient surgir au milieu de cette foule exaltée, quelques enthousiastes pouvaient proclamer leurs principes niveleurs, quelques furieux, s'emparant de positions importantes, pouvaient mettre fin à l'ordre constitutionnel, en sorte qu'on eût vu l'anarchie enfanter dans la Grande-Bretagne cette démagogie despotique, qui est la plus grande ennemie de la liberté. Londres était sans défense. Mais du sein de ce peuple, accoutumé à mettre son espérance en Dieu, sortit une multitude d'hommes sérieux, décidés à opposer une forte digue au torrent impétueux qui menaçait alors de déborder et de ravager l'Angleterre. On voyait ces hommes sortir de leurs demeures, traverser les rues de Londres, et dans tous leurs cœurs retentissaient, comme dans celui de Calvin, ces paroles : *Plutôt mourir que de voir régner le désordre!* Ils se rendirent dans la vaste cour de *Somerset house*, se présentèrent comme *constables spéciaux*, et prêtèrent serment. Alors une voix s'éleva du sein de cette multitude émue, c'était celle d'un laïque : « Messieurs, dit-il, » avant de nous séparer, cherchons le secours de » Dieu. » A ces mots cette foule immense fléchit le genou sur le pavé de Somerset, et le généreux citoyen qui avait parlé, se rendant l'organe de tous, implora le secours de celui qui est le Roi des rois et le défenseur des peuples. La prière finie, toute l'assemblée se releva; chacun se rendit silencieusement à la place qui lui était assignée. Dans le cas où, sur un point quelconque, la procession chartiste manifesterait des desseins perturbateurs, tous étaient inébranlablement décidés à réprimer aussitôt le désordre. Les voilà tous à leur poste ces hommes qui agissent et qui prient. Maintenant, que les chartistes, admirateurs de ces déplorables journées de février qui avaient vu s'écrouler un trône, marchent seulement à la file les uns des autres. Ils avancent, mais au milieu des défenseurs de l'ordre et de la liberté.

— Et l'Angleterre demeure debout.

III

Tels sont les principes qui sauvent les nations à l'heure de la détresse.

Mais plusieurs de nos contemporains opposent à ces vérités, évidentes à nos yeux, des objections nombreuses. « Les temps où nous sommes, dit-on, les con- » naissances que les hommes ont acquises, l'état des » lumières parmi les peuples modernes, la science hu- » maine et la société humaine relèguent l'Évangile au » nombre des antiquités dont on n'a plus que faire. » Les faits surnaturels du christianisme, la pensée que » Dieu intervient dans les choses d'ici-bas pour les » diriger, ce sont là des superstitions de nos pères. » Nous n'en voulons plus ; nos forces nous suffisent. »

Et que nous apportez-vous donc, modernes docteurs, à la place de ce Dieu vivant, de ce Père céleste qui *nous donne abondamment toutes choses pour en jouir?* Que nous apportez-vous à la place de ce Christ, qui est le *Chemin, la Vérité et la Vie?*

Les matérialistes nous répondent : « La matière. » Il n'y a ni Dieu ni esprit ; la matière existe seule de » toute éternité. L'âme n'est qu'une résultante du jeu » des organes. La vertu et le vice sont de simples sécré- » tions du cerveau, comme, en d'autres catégories, le » sucre et le vitriol. » — Les panthéistes nous disent :

« Nous vous donnons comme Dieu cette force qui se » trouve dans la moindre molécule,—dans l'homme, dans » la bête, dans la fange même où se vautrent ces pour- » ceaux. La substance est l'être unique et universel. » — Les positivistes enfin s'écrient : « Vous nous parlez d'un » Dieu, d'une âme !... Nous n'en savons rien. Montrez- » les-nous ; que nous les touchions et nous y croirons. » Les révélations du christianisme et les spéculations » des philosophes ne sont que des rêves chimériques. » La matière, ses forces et ses lois, voilà l'unique do- » maine de l'esprit humain. Il n'y a de réel que le posi- » tivisme, la science des faits et des forces du monde » extérieur. »

Ces docteurs, Messieurs, ont leurs missionnaires et leurs adeptes, qui réduisent ces théories en pratique et leur font porter des fruits bien amers. Nous avons vu de ces gens qui, voulant chasser du monde le Dieu vivant, remplissent leurs assemblées soi-disant pacifiques, de reproches, de querelles et de guerre. Quelle tristesse on éprouve, en voyant, dans les villes de notre Suisse, ces réunions étrangères qui dégénèrent en stériles et passionnés débats. Ce n'est pas de la haine que nous éprouvons à l'égard de ces hommes égarés, c'est de la douleur. Que de belles facultés perdues ! que d'intentions sincères, qui, parce qu'elles sont privées du guide de l'Évangile, n'aboutissent pas ! Espérons qu'on en a fini en Suisse avec tous ces discours qui sapent les bases éternelles de la vérité, de la liberté, de la paix, de la prospérité des peuples. Le bon sens helvétique en fera justice ; déjà on a vu à Genève la protestation de toute une population. L'arc a paru dans la nue. Espérons qu'il nous garantira de ces déluges, qui menacent de détruire la terre.

Vous direz qu'on vous méconnaît, que vos doctrines

assureront vraiment la liberté et la prospérité des peuples. — Voyons, faisons l'essai ; recherchons dans Spinoza, le grand prêtre de vos systèmes, les théories qui se rapportent au bien des nations. L'honnêteté, la fidélité à sa parole sont, tout homme de bon sens le reconnaît, des conditions essentielles de l'existence prospère des peuples. Or, que disent à cet égard vos maîtres? « Un pacte » n'a de valeur qu'en raison de son utilité. Si l'utilité dis» paraît le pacte s'évanouit avec elle. Il y a de la folie à » prétendre enchaîner à tout jamais quelqu'un à sa » parole, à moins que la rupture du pacte n'entraîne » pour le violateur de ses serments plus de dommage » que de profit »[1]. Belle morale vraiment et fort propre à établir l'ordre dans la communauté!

Il n'y a pas de vertus sans sacrifice, c'est un axiome universellement reconnu. Le dévouement, le sacrifice de soi-même au bien de la patrie, a fait de tout temps le salut des peuples et la gloire des grands citoyens. « Souvenons-nous que l'amour de la patrie est un sacri» fice et non une jouissance, » disait d'Azeglio. Eh bien, que disent vos maîtres? « Que non-seulement chaque » homme a le droit de chercher son plaisir, mais qu'il » ne peut faire autrement; que celui qui vit d'après la » seule loi de son appétit, a tout aussi bon droit que » celui qui règle sa vie en accord avec les lois de la rai» son[2] ». De tels systèmes, Messieurs, incapables de créer, sont puissants uniquement pour détruire. Si jamais ils prévalaient, ils seraient la ruine des peuples.

Il y a, je le sais, des théories moins extrêmes qui ont aussi la prétention de faire du bien.

Il y a le spiritualisme, auquel nous devons des écrits

1. Spinoza.
2. *Ibid.*

précieux. Mais ce système se tait sur les grands problèmes de l'humanité. Il ne nous dit pas d'où vient le mal, comment mettre le bien à sa place, ce qui peut assurer à l'homme une glorieuse éternité. Il semble craindre de compromettre sa philosophie en admettant ici les solutions de l'Evangile, et il n'en donne lui-même que d'insuffisantes, de stériles, en sorte qu'un grand écrivain du siècle a pu s'écrier en les contemplant : « Il faut autre chose que ces gouttes de la science, » pour apaiser la soif religieuse de l'humanité [1]. »

Il y a encore le rationalisme, qui se recouvre parfois de teintes plus ou moins foncées de christianisme, mais proclame hautement la souveraineté absolue de la raison. Si vous voulez connaître ses effets pour le salut des peuples, écoutez comment parle un de ses avocats les plus décidés, dans un livre écrit par lui pour prouver cette thèse étrange que tout le bien qui s'est fait en Europe depuis des siècles, vient du *rationalisme!* « La » tendance générale des influences rationalistes est de » nos jours tristement visible. Notre temps offre une » décadence marquée dans l'esprit de dévouement et » de sacrifice. Depuis dix-huit siècles l'histoire du dé» sintéressement et du sacrifice de soi-même est l'his» toire de l'influence du christianisme sur le monde. » Nous avons perdu quelque chose dans notre pro» grès ; un nuage s'élève sur l'histoire du rationa» lisme [2]. »

Ce *quelque chose*, que le rationalisme fait perdre, c'est tout.

Quoi ! la liberté sans Dieu — la liberté durable sans l'Evangile ; quelle œuvre nouvelle parmi les hommes !

1. M. Guizot.
2. M. Lecky.

La liberté, chez toutes les nations qui ont su l'établir et la garder, s'est appuyée sur la Parole de Dieu. C'est sur l'Evangile que la Hollande fonda son émancipation, son existence, sa liberté. Guy de Brès, Marnix de Sainte-Aldegonde et d'autres libérateurs des Pays-Bas, étaient des disciples immédiats de notre Réformateur ; et Dieu fit naître par leur influence la plus puissante république de l'Europe, — un État faible en apparence, mais devant lequel le puissant Louis XIV dut lui-même fléchir. C'est sur l'Evangile que l'Ecosse aux jours de Knox, l'ami de Calvin, l'Angleterre aux jours des Puritains, ses disciples, et aux jours de Guillaume d'Orange, venu de la calviniste Hollande, ont établi les droits et les devoirs des individus et des peuples. Dans un temps où les gouvernements absolus pesaient sur tous les grands États, on a vu les principes évangéliques de la Réformation faire triompher dans la Grande-Bretagne une monarchie constitutionnelle, disposée à favoriser les libertés de la nation. C'est sur l'Évangile que les États-Unis aux jours des Pèlerins, aux jours de Washington, aux jours où nous sommes, ont fait reposer leur liberté. Un citoyen de cette grande république disait : « Calvin » est notre père » ; et les Américains qui arrivent dans notre ville, demandent aussitôt la maison de Calvin, la chaire de Calvin, la tombe de Calvin. C'est par ces mêmes principes chrétiens que les disciples immédiats du Réformateur voulaient mettre fin, en France, à un honteux arbitraire plein de désordre, d'immoralité, de ruine, établir le règne de la liberté religieuse et politique, et fonder ainsi, il y a trois siècles, pour leur patrie l'ère bienheureuse d'une grande prospérité. Leurs écrits politiques, *la Gaule franke, le Réveille-matin des Français* et d'autres, nous le montrent. Mais en vain s'efforcèrent-ils de commencer cette œuvre admirable ; le despotisme des Valois et des Bourbons l'anéantit par le fer et par le feu. Qu'est-il besoin d'aller plus loin? Nous-mêmes, nous Suisses, nous Genevois, nous savons que pour qu'un peuple soit libre, il faut qu'il soit un peuple religieux. Un homme d'État des Pays-Bas qui, à une profonde intelligence de l'histoire des temps passés et des temps actuels, joint un grand caractère, un beau talent et une chrétienne piété, disait naguère de son pays — et on peut le dire de beaucoup d'autres : « Quel a été » le principe de notre force ? Le voici : il est dans notre » origine. *Nous sommes issus de la Genève de Calvin*[1]. »

Si vous voulez apprendre par expérience ce que devient une liberté sans religion, sans Dieu, sans Évangile, demandez-le à 1793 ; demandez-le aux élèves de Voltaire, de l'Encyclopédie et de Jean-Jacques Rousseau ; demandez-le à ce XVIIIe siècle dont on vante si fort les lumières, à ce peuple si éminemment doué, que nous aimons d'une affection sincère, mais qui semble ne toucher quelques moments à la liberté que pour la perdre. Certes, il y avait de belles aspirations en 1789. On demandait que la loi fût une *loi* et non pas un prétexte pour l'autorité ; on demandait des garanties, des franchises qui missent fin à l'arbitraire ; un noble enthousiasme animait la nation. Mais ces hommes, même les plus éminents, étaient sans religion, sans Dieu, sans Jésus-Christ. Leurs aspirations n'étaient pas dirigées par les rênes invisibles du devoir envers Dieu. Aussi qu'arriva-t-il ? Leur enthousiasme devint une fièvre ; leur fièvre une furie ; le vertige les prit ; « ils firent de la colère un gouvernement. » Plus de pitié ! tout un peuple est devenu ivre, et ivre de sang ! Les supplices succèdent aux supplices ;

1. M. Groen van Prinsterer, conseiller d'État. Voir *la Hollande et l'influence de Calvin*. La Haye, 1864. C'est M. Groen van Prinsterer qui souligne les derniers mots.

ces malheureux se mangent les uns les autres; les hommes de cette nation, qui se disait la plus civilisée de la terre, sont transformés en barbares, en sauvages ; le règne de la *Terreur* a remplacé le règne de Dieu. La liberté a été immolée ; et ce grand peuple est retourné alors à ce qu'on a appelé son type primitif — l'arbitraire, — l'arbitraire despotique, armé de l'épée, et faisant fléchir sous son glaive, non pas seulement la France, mais l'Europe presque entière. Voilà, Messieurs, le fruit d'une révolution qui semblait devoir être belle, mais dont on avait banni l'Évangile.

Certes, la liberté n'est pas perdue. Il y a de l'espoir. Aucun peuple ne reçut l'Évangile avec plus de chaleur que le peuple de France. Pendant le XVIe siècle, la Réforme donna avec générosité son sang pour la liberté religieuse; pendant le XVIIe, elle professa ses grands principes, elle enseigna, elle discuta. A la guerre des arquebuses succéda celle des brochures. Il y eut répliques, dupliques, et cette lutte donna à la France un esprit de liberté, d'indépendance incontestable, mais dont elle a longtemps méconnu l'origine. La révocation de l'édit de Nantes vint mettre fin à ce tournoi généreux. Le pouvoir qui écrasa le mysticisme de Fénelon, le jansénisme de Port-Royal, écrasa aussi la Réforme évangélique de Calvin. Qu'en résulta-t-il ? Au premier moment le silence. Entre le règne de Louis XIV et celui de l'Encyclopédie, il y eut une pause. Le feu était en travail au dedans de la terre ; bientôt le cratère s'ouvrit ; il en sortit des tourbillons et des matières embrasées. L'esprit humain, longtemps comprimé, réagit contre une oppression tyrannique. Il se vengea d'abord par les moqueries de Voltaire et les tristes négations des encyclopédistes ; puis le volcan vomissant par torrents une lave enflammée, nous eûmes les échafauds et la

Terreur. Voilà ce que la France avait gagné à étouffer dans son sein la vie chrétienne.

Grâce à Dieu ces choses sont passées. Les esprits les plus nobles commencent à comprendre qu'il peut y avoir une union fortunée entre le christianisme et la liberté. Les ruines de l'édifice que nos pères voulurent élever au XVIe siècle, sont peut-être encore cachées sous des décombres, mais elles existent. Il y a en France une semence impérissable de liberté ; et Dieu, espérons-le, couronnera un jour les nobles aspirations de la patrie des Coligny, des L'Hôpital et des Calvin !

Mais au lieu de favoriser de toutes leurs forces ce mouvement régénérateur, que font quelques-uns de ceux qui prononcent le plus fréquemment le mot de *liberté?* Que se passe-t-il maintenant sous nos yeux? Les théories irréligieuses, athées même, qui ont perdu la liberté au XVIIIe siècle se renouvellent. On nous parle derechef comme Chaumette et comme Hébert. On nous dit : Point de Providence ! point de Dieu ! point de Christ ! Et jusque dans notre palais électoral, une voix étrangère ose porter un toast à *l'incrédulité !* On nous épargne, il est vrai, une comédienne jouant pendant une heure, sur une estrade, le rôle de la déesse Raison ; mais la proclamation de l'athéisme, du néant, est maintenant aussi audacieuse qu'alors.

Insensés ! que faites-vous? Ne serez-vous donc pas instruits par la folie de vos pères et les fruits amers qu'elle a portés? Une flamme de liberté s'est rallumée parmi les peuples ; voulez-vous de nouveau l'éteindre sous le même fatras, sous les mêmes décombres? Voulez-vous, je vous le demande avec angoisse, en rejetant la religion, perdre de nouveau la liberté, la moralité, la prospérité des nations, la civilisation chrétienne? Il y en a beaucoup à cette heure qui ambitionnent la liberté stable de l'Angleterre, des États-Unis. Donnez donc à la vôtre la même base, la Parole de Dieu. Celui qui a fait l'homme et qui connaît les passions redoutables qui s'agitent dans son sein, lui a donné dans la conscience, dans la foi, dans l'Évangile, un frein salutaire, mais vous le rejetez avec dédain. Conducteurs prétendus de la société, vous montez hardiment sur le char de la civilisation moderne, et voulez en saisir les rênes. Arrêtez !... C'est des destinées de l'homme qu'il s'agit. Si vous les saisissez, ces rênes, cochers inhabiles, elles s'échapperont de vos mains impuissantes; vos chevaux prendront le mors aux dents ; ils se précipiteront, eux, vous et tout ce qui faisait l'espérance des peuples, dans l'abîme; et mettant en pièces tout ce qu'ils traînaient après eux, il ne restera plus que des fragments souillés, des roues brisées, des pieds, des mains, du sang, des chairs, — que les chiens viendront manger comme la chair de Jézabel !

Oui, Messieurs, le vide religieux, la haine de la religion, constitue pour la société un danger suprême. Plusieurs le reconnaissent, mais ils sont arrêtés par d'autres difficultés. Il est des hommes honnêtes qui, entendant affirmer que les principes de l'Évangile, exposés par la Réformation et en particulier par Calvin, peuvent préserver la chrétienté d'une fin déplorable, s'attachent à l'homme, au Réformateur, et lui cherchent querelle, afin de se justifier de ce qu'ils ne le suivent pas. Calvin, nous dit-on, a-t-il donc tout fait et bien fait en son temps? Devons-nous revenir au XVIe siècle? N'est-il pas des reproches fondés que l'on peut adresser à ce célèbre docteur? N'y a-t-il pas, comme on disait sous Louis XIV, des *préjugés légitimes* qui doivent nous empêcher de l'écouter? *Peut-il venir quelque chose de bon de Nazareth?*

J'aborde cette objection.

Il y a des développements qui s'accomplissent de siècle en siècle dans la société humaine ; les grandes vérités religieuses et morales sont toujours les mêmes; mais ce qui se rapporte à l'état de la société est susceptible de changement. Le gouvernement de l'Église au XVIe siècle, tel que Calvin l'établit, était peut-être alors le seul possible ; mais il ne peut être celui du XIXe. La liberté que Calvin avait introduite dans l'Église, par divers principes et institutions, en particulier en lui donnant un gouvernement LAÏQUE, doit être maintenant complétée. L'action gouvernementale du Consistoire qui s'étendait au moindre détail, et prononçait, pour de petites fautes, des peines souvent sévères, ne peut plus exister. Sans doute l'Église, comme toute société humaine, doit avoir un gouvernement ; il faut le rappeler, puisqu'il y en a qui le nient. Le Nouveau Testament nous parle *de ministres de la Parole, d'anciens ou évêques, de diacres*. Un général étranger, peu théologien, très-prononcé pour la liberté, le reconnaît lui-même, et dans le manifeste qu'il est venu faire à Genève, avant de marcher contre Rome, il affirme que les hommes du *sacerdoce* (il va plus loin ici que le protestantisme qui admet un *ministère* mais pas de *sacerdoce humain*) — les hommes du sacerdoce doivent, dans sa nouvelle religion, être choisis et consacrés par le congrès. Cette thèse, qui est sa *huitième* proposition, n'est pas très-démocratique, ni même très-rassurante... mais passons.

Le XVIe siècle, Messieurs, a trop attribué au gouvernement clérical et pas assez au peuple chrétien. Ce n'est pas là ce qu'avait fait l'Évangile. Une seule épître de saint Paul, celle des *Philippiens*, est adressée aux *évêques* et *diacres*, encore ne sont-ils nommés qu'après *les saints en Jésus-Christ*, c'est-à-dire les simples fidèles. Toutes les autres épîtres de l'Apôtre ne sont adressées qu'à ces derniers, aux membres, comme formant l'essentiel de l'Église. A l'aristocratie réformée du XVIe siècle doit succéder maintenant la démocratie chrétienne. L'Évangile ne veut pas que des *prêtres* ou même, selon notre langage, des *ministres* se chargent de tout dans l'Église; Dieu attend que *tout chrétien* fasse son devoir. La discipline en particulier doit, selon le Nouveau Testament, être exercée librement par les sentiments affectueux des fidèles, plus que par les jugements d'un gouvernement ecclésiastique. Tout membre de l'Église lui doit une vie édifiante; les chrétiens ne formant qu'un seul corps, *chacun* d'eux se trouve intéressé à ce que le Seigneur soit glorifié dans *tous* ses membres. Si l'un s'égare, les autres doivent se proposer de le ramener; non de le perdre, mais de le sauver. Quand saint Paul apprend qu'une grande faute morale a été commise dans l'Église de Corinthe, il écrit aussitôt à tous les chrétiens de cette Église pour leur reprocher de n'avoir pas *mené deuil*. La tristesse de tous devait, selon lui, agir sur le cœur du pécheur, et l'amener à repentance, ce qui arriva en effet plus tard. Je ne dirai pas qu'en aucun cas, il n'y ait pour un consistoire, un presbytère ou un évêque si vous voulez, quelques mesures à prendre. Mais en général il faut qu'aux jugements des corps ecclésiastiques et spécialement des Consistoires calvinistes, se substitue l'amour, l'action, la voix du peuple chrétien. Je crois, Messieurs, qu'il doit y avoir une démocratie chrétienne; mais ne l'oublions pas, pour avoir une démocratie *chrétienne*, il faut avant tout avoir des *chrétiens*. Pour nous, ministres de l'Évangile, nous ne sommes jaloux d'aucune prérogative cléricale, et nous nous écrions avec Moïse : *Plût à Dieu que tout le peuple fût prophète !*

Mais, dira-t-on, il y a autre chose contre Calvin ; il y

a *Servet!* Nous arrivons à ce point épineux. Je ne suis pas, Messieurs, de ceux qui excusent ici Calvin, je suis plutôt de ceux qui l'accusent; mais pas il est vrai comme le font les ennemis de la Réforme. Je reconnais toute la vérité des excuses qui sont mises en avant dans cette occurrence. Il est vrai que depuis plus de mille ans, c'était une doctrine universelle, dans toute la chrétienté, que les délits spirituels devaient être punis par le magistrat aussi bien que les délits ordinaires. Il est vrai que si quelqu'un avait dit alors qu'un grand hérétique devait être absous par les tribunaux, cela eût paru, sans aucun doute, aussi étrange, peut-être plus, que si l'on affirmait, de nos jours, qu'un meurtrier doit être déclaré innocent par la justice. Il est vrai que l'élite des hommes de cette époque, le sage Bullinger, le modéré Th. de Bèze, le doux Mélanchton, approuvèrent pleinement la condamnation de Servet. Il est vrai que Calvin fit tout ce qu'il put pour adoucir le supplice, — qu'à deux reprises, — une fois seul, une fois en s'entourant des autres pasteurs, — il demanda au magistrat que le malheureux et illustre savant ne fût pas brûlé. Je reconnais la valeur de toutes ces excuses; mais ce dont je me plains, c'est qu'un homme d'un esprit aussi éminent n'ait pas été plus loin. Ce dont je me plains, c'est que Calvin ne se soit pas montré supérieur à une erreur de mille années ou plutôt de douze cents ans, puisque Augustin l'a professée. Ce dont je me plains, c'est que cette intelligence d'élite ne se soit pas mise au-dessus de l'opinion des hommes les plus éclairés de son siècle; je dis plus, du monde universel. Aucun réformateur n'a été aussi libéral que lui; nous l'avons vu quand il s'est agi d'établir la distinction entre le spirituel et le temporel. Oh! combien je regrette qu'il n'ait pas été jusqu'au bout! Mais ce doit être là un sujet de chagrin et non de haine. Je voudrais savoir si ceux qui le condamnent sont autant que lui au-dessus des préjugés de leur temps. *O homme, pourquoi ne prends-tu pas garde à la poutre qui est dans ton œil!* On peut dire même, dans un sens, que les outrages dont Calvin a été poursuivi à ce sujet l'honorent; car on lui dit ainsi : Vous auriez dû être au-dessus de tous les hommes de votre siècle : *Unus solusque*, « seul et unique. »

Quoi qu'il en soit, l'œuvre est maintenant accomplie. Nationaux et libres, nous disons tous : C'est à Dieu qu'il appartient de juger les consciences. Quand le magistrat veut le faire, il offense Dieu, il usurpe une prérogative qui n'appartient qu'au Saint des saints; il fait descendre le Seigneur de son trône, et prétend orgueilleusement s'y placer lui-même. Liberté! pleine liberté religieuse! La gêner est un crime de lèse-majesté divine. Que César prenne ce qui appartient à César; mais *qu'il laisse à Dieu ce qui appartient à Dieu.*

Mais, Messieurs, les outrages que doit endurer Calvin, sont-ils justes — surtout à Genève? Calvin lui sacrifia ses rêves les plus doux; la récompense de ce sacrifice serait-elle le mépris et l'insulte? « Genève, dit » un célèbre historien et théologien de l'Allemagne, » dut à sa Réformation l'affermissement de sa liberté, » l'ordre, des mœurs honorables, et une prospérité » florissante. *La réputation de Calvin et l'importance de Ge-* » *nève s'élevaient simultanément.* Cette cité devint le centre » de la Réformation pour les nations latines[1]. » — Si cette ville, petite, soumise jusqu'alors à la superstition et à un clergé dissolu, est devenue pour son siècle un foyer de lumière, n'est-ce pas Calvin qui a été, dans cette remarquable élévation, le principal instrument

1. Gieseler.

de Dieu? Si Genève est quelque chose dans l'histoire, si un écrivain contemporain, qui n'appartient ni à notre peuple ni au protestantisme, l'a proclamée la capitale d'une grande opinion, si le rôle qu'elle a joué dans le monde inspire aux nations, aux puissances même, un sentiment de respect pour notre humble cité, quel homme y a contribué plus que Calvin?... Messieurs, ne soyons pas ingrats. Il y a bien des défauts; mais l'ingratitude est le plus hideux de tous.

Les amis qui objectent à notre thèse ne sont pas encore satisfaits; nous n'avons pas fini avec une difficulté, qu'ils en présentent de nouvelles; et quoique leurs arguments se rapportent à Genève en particulier, ils sont au fond applicables à tous les pays protestants. — « Les mérites de Calvin que vous signalez, dit-on, purent avoir quelque réalité au XVIe siècle; nous n'en avons à présent que faire. Deux caractères de l'époque actuelle, deux raisons puissantes doivent faire abdiquer aux pays protestants, et à Genève en particulier, la vocation, que la Réforme, que Calvin leur avaient donnée, celle de tenir haut au milieu des peuples le drapeau de l'Évangile. La première c'est que la distinction de l'Église et de l'État a fait des pas immenses. La seconde, c'est que les diverses nations et les différentes dénominations religieuses se mêlent de nos jours les unes aux autres; les catholiques arrivent à Genève, en Angleterre, en Hollande; les protestants se multiplient en Autriche et même en Italie, et il résulte de ces deux considérations, qu'on ne peut plus dire qu'une nation est catholique ou protestante; tous les peuples sont mixtes. Il n'y a donc plus lieu de se prononcer pour une cause ou pour l'autre, et, comme on dit vulgairement, chacun doit mettre son drapeau dans sa poche. » Peut-être, Messieurs, cet argument est-il vrai pour les tièdes, les indifférents; mais il ne l'est pas pour le chrétien. Ce n'est pas ainsi que pensait saint Paul, quand, ayant rappelé qu'il était de la tribu de Benjamin, de la race d'Israël, il ajoutait : *Je regarde toutes ces choses comme une perte, en comparaison de l'excellence de la connaissance de Christ.* Ce n'est pas ainsi que pensait Calvin quand il disait : « Aussitôt que Christ reluit, tout ce qui éblouis- » sait les yeux s'évanouit incontinent. » Je reconnais la vérité des deux assertions ci-dessus mentionnées, mais j'en nie la conséquence et j'en tire une contraire, savoir, que la religion, dépouillée du patronage toujours gênant de l'État, acquiert plus de liberté dans ses mouvements. Loin que ces considérations puissent affaiblir notre zèle, elles doivent au contraire l'enflammer. Nous, vieux Genevois, nous fils des réfugiés, nous ne déclinerons pas l'héritage de nos pères, nous ne changerons pas notre existence, nous ne mettrons pas sous nos pieds le drapeau de l'Évangile, quand pendant des siècles nos ancêtres l'ont tenu vaillamment au-dessus de leur tête. Renonçons à ce que l'État fasse du prosélytisme religieux ; nous y consentons de tout notre cœur ; nous le demandons même. Mais, chrétiens évangéliques, soyons ce que le nom désigne; dépensons-nous avec d'autant plus d'énergie pour cette Parole de Dieu, dont les trésors enrichissent seuls les individus et les nations. Il faut que la vocation de Genève demeure. Il faut que cette ville soit autre chose, comme on l'a dit, « qu'un amas de maisons, un amas de gens, » un troupeau ramassé des quatre vents de l'Europe, » sans lien, sans consistance, sans avenir comme sans » passé[1]. » Il faut qu'étant bénie de Dieu, elle soit un instrument de bénédiction au loin et pour plusieurs. Ce doit être là notre ambition. — Jeunes gens, ce doit

1. Étrennes religieuses de 1867.

être la vôtre ! La gloire suprême de Genève ne peut être que l'Évangile. Un des plus grands hommes politiques de la Grande-Bretagne, M. Gladstone, adressait, il y a peu de jours, un appel semblable à l'Angleterre. Et certes on ne lui reprochera pas de n'être pas libéral, et même libéral envers les catholiques romains. « Le » christianisme continue d'être, disait-il, ce qu'il a été » jusqu'à présent : le grand remède pour les maladies » de la nature humaine, le grand appui dans ses faiblesses, la grande consolation dans ses douleurs, le » seul guide suffisant à travers le désert de ce monde. » Sans doute le temps où nous sommes est un temps de » crise ; mais ce n'est pas ici la première crise que le » christianisme ait surmontée. Attendons seulement un » peu ; toutefois, en attendant, ne négligeons pas notre » devoir. Rappelons-nous que notre fonction spéciale » est de propager l'Évangile. Nous avons beaucoup de » relations, de transactions, de négoce, de trafic avec » les autres parties de la terre. Cela suffit-il ? Il faut que » l'Angleterre choisisse si elle veut être simplement » une bête de somme, ou l'évangéliste du monde... »

La parole que ce grand homme d'État vient d'adresser à la Grande-Bretagne, je l'adresse à Genève. Messieurs, il faut que Genève choisisse. — Voulons-nous être une simple machine pour fabriquer des roues et des échappements, voulons-nous n'être qu'une place, ouverte aux esprits extravagants du siècle, — ou bien voulons-nous être un cœur qui batte pour les pensées les plus élevées, une voix qui proclame dans la chrétienté les vérités les plus salutaires, une main qui, au milieu des hésitations et des chutes, tienne bien haut et bien ferme l'étendard de Jésus-Christ, et, — comme disait Gladstone, *un évangéliste dans le monde !...*

Est-ce à dire qu'il ne doive s'agir, à Genève, en Angleterre, en Allemagne et dans le monde protestant en général, que d'œuvres d'évangélisation? Nullement. On a vu des personnes reprocher aux chrétiens évangéliques de ne pas désirer autre chose, comme si celui qui a commencé l'œuvre régénératrice des prisons n'était pas cet Howard qui ordonna de mettre sur sa tombe ces seuls mots : *Mon espérance, c'est Christ* ; comme si celui qui a donné la première et puissante impulsion à l'affranchissement des esclaves n'était pas ce Wilberforce, qui plus qu'aucun autre, peut-être, contribua au réveil évangélique de l'Angleterre. Dans ce jour où nous ouvrons cette salle, nous demandons pour notre patrie, et pour tous les pays unis avec elle par une même foi, toute œuvre d'intelligence, d'humanité, de liberté, de moralité. L'Évangile les produira. Que d'institutions, dont l'origine, sans qu'on s'en doute, est purement évangélique! De nos jours, à Genève même, on a vu quelques chrétiens humbles et inconnus, commencer une œuvre de charité, qui a pris depuis lors de grandes proportions, et réfuter ainsi, par leur dévouement, sans y penser, des reproches non mérités. Au moment où allaient se livrer et se livraient déjà, en Italie, les batailles de Magenta et de Solferino, se tenaient à Genève nos assemblées religieuses annuelles, et dans l'une d'elles (le 29 juin 1859) on plaida la cause de ceux qui tombaient blessés par la balle ou par l'épée. « Ces batailles terribles, dit-on, qui font couler des ruisseaux de sang, au moment où le siècle rêvait la fraternité des peuples, nous remplissent de tristesse. Au sein de nos inaccessibles montagnes, sur ces bords paisibles, au milieu d'une nature qui dans ces beaux jours étale toutes ses pompes, nous entendons, comme à travers les Alpes et leurs glaciers, le bruit des foudres de guerre et les cris déchirants des blessés. Les voilà, étendus, un jour, deux jours quelquefois, dit-on, sur le champ de bataille, ou entassés dans quelque ferme ou quelque ambulance. Les voilà demandant sous le ciel brûlant qui les dévore, à boire, à boire... un verre d'eau!... et hélas! les hommes manquent pour secourir ces malheureux. Il faut des mains pour donner un peu d'eau froide; il faut des bras qui soulèvent les blessés; il faut des cœurs qui aiment ces malheureux, des lèvres qui distillent les paroles de la douceur. Ce n'est pas une œuvre de controverse que le moment réclame; qui ferait de la controverse sur le seuil de l'éternité? C'est d'une œuvre de compassion qu'il s'agit. Il y a des angoisses soudaines en présence de la mort; un seul mot dit à propos peut relever et réjouir une âme. Que l'on ne parle ni du pape ni des réformateurs; mais que simplement on annonce la croix de Jésus-Christ. Ne viendra-t-il pas un verre d'eau froide des lieux où nous sommes? Il faut des prières, il faut des mains, il faut de l'argent. Les nouvelles qui nous arrivent d'Italie demandent à cette assemblée tous ces secours[1]..... »

Le même soir, une nombreuse société se trouvait réunie dans la maison de campagne de l'un des membres du conseil de cette salle de la Réformation, le seul que Dieu nous ait retiré[2]. Trois étudiants en théologie (maintenant ministres de l'Évangile) se présentèrent pour répondre à cet appel; un pasteur français se joignit à eux, et ces quatre amis partirent immédiatement pour l'Italie comme infirmiers et consolateurs, avec des secours abondants pour les blessés[3]. Ils se rendirent à Milan, à Brescia, ailleurs, et ils soula-

1. Rapport de la Société évangélique, 1859.

2. M. Gabriel Naville.

3. MM. Charpiot, pasteur à Sornay, Saône-et-Loire, et MM. Esurabaud, Kœune aîné, Wautier, alors étudiants.

gèrent un grand nombre de ces misérables ; leurs lettres et tous les documents officiels subsistent. Mais ce dévouement eût été insuffisant, si plus tard des amis qui en avaient eu connaissance n'eussent entrepris de généraliser cette œuvre ; un comité qui honore Genève la poursuivit ; vous savez l'étendue qu'elle a prise. Toutefois ces quatre amis, qui coururent aux lieux où se livraient les batailles, ont été la petite semence de ce qui est devenu plus tard un grand arbre ; et si nous avons rapporté le commencement inconnu d'une institution qui a depuis fait tant de bruit et occupé les empereurs et les rois, c'est que l'Évangile dit : *Rendez l'honneur à qui l'honneur*. Toutefois l'honneur ici — disons-le bien haut — l'honneur n'est pas aux hommes, mais à l'Évangile de Jésus-Christ.

Oui, Messieurs, que dans Genève, que dans tout pays évangélique, que dis-je, que dans la chrétienté, toute bonne œuvre prospère, écoles, soins donnés aux prisonniers, agriculture, affranchissement des nègres, adoucissement des rigueurs de la guerre, et tant d'autres institutions philanthropiques. Demandons l'avancement de la liberté, mais aussi demandons les progrès de la foi, de la moralité, de la charité ! « Il » faut à tout prix, » disait un homme de bien, descendu, de bonne heure dans la tombe, « il faut à tout prix » maintenir le christianisme dans les démocraties nou» velles, moraliser la démocratie par la religion. J'ai » recherché les causes auxquelles il fallait attribuer » le maintien des institutions politiques des Américains, » et la religion m'a paru une des principales. Que tous » les hommes honnêtes et éclairés, qui vivent dans les » démocraties, s'appliquent sans relâche à y soulever » les âmes et à les tenir dressées vers le ciel. [1] »

1. A. de Tocqueville. — *De la démocratie en Amérique.*

Au moment où je vais conclure, une pensée, Messieurs, me préoccupe ; une grande question se présente à mon esprit. Mes yeux inquiets se fixent sur l'avenir ; mais il y a des voiles qui leur cachent ce qu'ils voudraient découvrir. Je me demande avec angoisse : Ce siècle sera-t-il perdu ? sera-t-il sauvé ? Je ne sais, Dieu le sait. Se terminera-t-il par quelque catastrophe, moins sanglante peut-être que celle du siècle précédent, mais qui dissoudra et détruira tout aussi profondément les éléments de la vie des peuples, ou la vérité, la moralité, la liberté, remporteront-elles la victoire ? Je ne sais, Dieu le sait. Mais voici ce que je sais. Si quelque chose perd la société, ce sera l'incrédulité ; si quelque chose la sauve, ce sera le christianisme pur et vivant, qui prend possession du cœur, et nous fait entrer dans l'ordre de Dieu. Ah, si la chrétienté évangélique, si Genève se rattachait avec puissance à Jésus-Christ ! si cette salle devenait un moyen pour répandre et développer les bonnes semences qu'il a apportées au monde ! si nous étions tous comme baptisés d'un nouveau courage pour cette œuvre *absolument nécessaire*, — la diffusion de la vérité, le triomphe de la liberté !

A la fin du dernier siècle, il y eut un grand cataclysme ; la civilisation chrétienne et la liberté furent frappées de la foudre, emportées par la tempête, broyées contre les rocs, et les coups de tonnerre qui, au milieu d'un grand peuple, atteignirent une cause sacrée, l'ébranlèrent dans tous les autres. S'il y avait eu alors en France des hommes de foi, on aurait vu, au lieu d'un affreux naufrage, le navire relevé et poussé par le vent du ciel, accomplir une de ces courses rapides et fortunées, que Dieu accorde quelquefois à l'humanité. Mais ce progrès n'a pas été fait, parce que les hommes ont manqué. Il eût fallu de ces caractères trempés, comme le fer, par le feu de la foi, et qui sont inébranlables quand il s'agit d'être fidèle à la vérité. La France en avait eu jadis, autant et plus que d'autres nations; mais comment aurait-elle possédé à l'heure du besoin ces nobles esprits? Elle les avait, hélas! pendant près trois siècles retranchés du milieu d'elle, balayés de sa surface comme de la vile poussière, comme des ordures.

Si la grande transformation du XVIe siècle a abouti, c'est qu'il y avait alors des hommes prêts à faire, pour la cause de Dieu, non pas seulement un sacrifice d'argent, de plaisir, de bien-être, mais le sacrifice de *leur vie*, comme le demandait Calvin. Les caractères de cette trempe, « des hommes de granit », comme on les a appelés, n'existaient plus en France en 89. « N'oubliez pas, » dit un célèbre écrivain français qui n'appartient pas » à nos églises protestantes [1], que la France s'est arraché elle-même le cœur et les entrailles, par l'expul» sion et l'étouffement de près de deux millions de ses » meilleurs citoyens. Ce fut un immense dommage pour » elle d'avoir été privée du peuple proscrit à la Saint» Barthélemy et à la révocation de l'édit de Nantes. Les » siècles ne guérissent pas de telles plaies. » — Oui, Messieurs, si la France, depuis trois cents ans, a été privée de la liberté, c'est par ce qu'on y a repoussé l'Évangile, qu'on y a emprisonné, banni, tué les réformés. En vain fit-elle, à la fin du siècle passé, un mouvement généreux pour conquérir les grands biens des peuples, elle retomba presque aussitôt épuisée, écrasée; car des hommes, tels que ceux de la Réformation, n'y étaient plus. Vous le voyez ce beau navire (je parle de la France), Dieu l'a orné lui-même de tout ce qui peut faire la force et la gloire. Bien plus, il l'a chargé d'un lest

1. M. Edgar Quinet.

précieux qui devait le sauver à l'heure de l'orage. Mais le capitaine et l'équipage ont pris ce lest et, dans leur folie, l'ont jeté à la mer. Aussi, quand la tempête est arrivée, le bâtiment a heurté avec violence contre l'écueil, et il s'y est brisé.

O nobles victimes de la Saint-Barthélemy et de la révocation de l'édit de Nantes ! prisonniers, galériens, qui aimiez mieux sentir le bâton rebondir sur votre dos nu que de livrer votre conscience ! ô troupe triste et héroïque des réfugiés, vous que la verge insolente et cruelle des Valois et des Bourbons chassait incessamment de votre patrie, et qui préfériez abandonner vos biens, vos amis, votre pays, plutôt que Jésus-Christ, — héros de la Réforme et de la liberté, Coligny ! Dubourg ! Soubise ! Lanoue ! Mornay ! Schomberg ! et toi, taciturne Guillaume d'Orange et ton fidèle Marnix, — vous tous disciples de Jésus-Christ, mais qui vous glorifiiez pourtant d'être disciples de Calvin, et l'honoriez comme l'un des libérateurs de la chrétienté, si vous aviez vécu en 89, vous eussiez sauvé la France, la liberté, la société. Et ce sont des hommes comme vous, qui peuvent seuls sauver, en cette heure pleine d'angoisses, l'Europe, la civilisation chrétienne, l'humanité.

Messieurs, ils ont manqué en 89 — manqueront-ils maintenant ? N'y aura-t-il plus en Europe d'hommes de foi et de force ? Ne se formera-t-il pas, dans Genève, un petit mais noble foyer, dont la flamme s'unissant à d'autres flammes, partout allumées, éclairera, ranimera, fortifiera, sauvera ce qui s'égare et chancelle à cette heure ? — Dites, jeunes gens, ne vous lèverez-vous pas ? Resterez-vous indifférents, oisifs ? Saisis par le découragement, baisserez-vous lâchement la tête vers la terre ? Le mal n'est-il donc pas assez grand ? « A la trompette, » disait Calvin à l'un de ses amis qui s'assoupissait [1] à l'heure même qui demandait de vigoureux efforts : « A la trompette, toi qui fais le guet ! » A tes armes, sentinelle ! Qu'attends-tu ? A quoi songes-tu ? Est-ce le temps de dormir ? »

Non, chers amis, ce n'est pas maintenant *le temps de dormir*.

Levons donc la main et promettons tous, en regardant à Celui qui est notre force, de combattre jusqu'à la mort avec amour, mais avec fermeté, pour Dieu, pour l'Evangile, pour la vérité, pour la moralité, pour la liberté. C'est la vocation que ce jour vous adresse, ô vous auxquels ces paroles arrivent. — Que Dieu nous donne à tous la force d'y répondre !

1. Roussel, après qu'il eut accepté l'évêché d'Oléron.

FIN

Imprimerie L. Toinon et Cie, à Saint-Germain.

MUSÉE DES MISSIONS ÉVANGÉLIQUES

(EXPOSITION UNIVERSELLE 1867)

Magnifique album composé de 25 planches hélio-chromiques, grand format Bristol fond chine

PRIX : En feuille................ 100 fr.
— Reliure riche........... 125

Le **Musée des Missions** a été une démonstration, sous sa forme la plus palpable, des progrès et des conquêtes du christianisme parmi les païens. Par cette exposition le christianisme a affirmé sa force et sa puissance civilisatrice. Les trophées qui la composaient appartiennent aux diverses sociétés des Missions évangéliques du monde entier, et ont été offerts aux missionnaires par des païens convertis ; leur authenticité indubitable en fait une collection rare et précieuse à plus d'un titre. Ce Musée, reproduit par le procédé hélio-chromique avec l'autorisation de M. le Commissaire délégué des Missions, forme un album d'un sérieux intérêt, à la fois artistique et religieux.

TAHITI ET LES ILES ADJACENTES

PAR TH. ARBOUSSET

VOYAGES ET SÉJOUR DANS CES ILES DE 1862 A 1863

In-12, avec portraits de l'auteur et de la reine Pomaré, une carte des Etats du protectorat français et une vue de Tahiti.

PRIX : 4 FRANCS

EXTRAIT DU CATALOGUE

LES FEMMES DU NOUVEAU TESTAMENT

PAR NAPOLÉON ROUSSEL

UN VOLUME PETIT IN-4° IMPRIMÉ SUR BEAU PAPIER GLACÉ, TEXTE ENCADRÉ ET ORNÉ DE ONZE BELLES GRAVURES SUR ACIER D'APRÈS LES GRANDS MAITRES. ÉDITION DE LUXE.

PRIX broché........................... 12 francs
— Reliure demi-chagrin, tranche dorée 20 —
— Reliure chagrin................. 30 —

ALBUM DE LA TERRE SAINTE

Contenant cinquante vues coloriées des lieux dont il est parlé dans la Bible avec texte explicatif en français, en anglais et en allemand, format oblong.

Un beau volume reliure percaline, tranche dorée, renfermé dans un étui. Prix.. 30 fr.

THE PICTURE SCRAP BOOK

OR HAPPY HOURS HOME

JOLI ALBUM RENFERMANT PLUS DE 400 GRAVURES TIRÉES SUR BEAU PAPIER GLACÉ, BELLE RELIURE PLAQUE ET TRANCHE DORÉES. DEUX SÉRIES

Chaque serie........ 12 fr.

HISTOIRE

DE

LA RÉPUBLIQUE DES ÉTATS-UNIS

DEPUIS L'ÉTABLISSEMENT DES PREMIÈRES COLONIES JUSQU'A L'ÉLECTION DU PRÉSIDENT LINCOLN, 1620-1860

Précédée d'une préface par M. Ed. Laboulaye, de l'Institut

Par J.-F. ASTIÉ

Deux forts volumes in-8°. — Prix : 12 francs

EXPLICATION DE L'ÉVANGILE SELON S^T-JEAN

Par J.-F. ASTIÉ

Un fort volume in-8°. — Prix : 7 francs.

COMMENTAIRE SUR LE NOUVEAU TESTAMENT

PAR E. ARNAUD

QUATRE VOLUMES IN-12. — PRIX : 10 FRANCS.

L'ANNÉE ÉVANGÉLIQUE

MÉDITATIONS ET PRIÈRES POUR LE CULTE DE CHAQUE JOUR

A L'USAGE DES FAMILLES, DES ASSEMBLÉES CHRÉTIENNES
ET DES ÉCOLES DU DIMANCHE

PAR L. F.-F. GAUTHEY

Deux forts volumes in-8°. — Prix : 12 francs.

HISTOIRE DES DOGMES

PAR LE Dr GIESELER

TRADUIT DE L'ALLEMAND. — UN FORT VOLUME IN-8°

Prix : 10 francs.

DICTIONNAIRE DES PARALLÈLES

CONCORDANCES ET ANALOGIES BIBLIQUES

Ou Table méthodique des versets ou texte de l'Écriture sainte, classés d'après leur sens, et réunis sous des titres généraux par ordre alphabétique, présentant un exposé analytique des principes, des doctrines, des préceptes et des faits de l'Écriture, et renfermant la collection la plus complète des parallèles, par H. LAMBERT.

DEUXIÈME ÉDITION

corrigée et augmentée de 48 pages de texte

UN VOLUME IN-12, IMPRESSION TRÈS-SOIGNÉE SUR BEAU PAPIER

Prix, broché .... **5 fr.**
Reliure percaline .... **6 fr.**

LA PHILOSOPHIE DE LA RELIGION

PAR MATTER

2 volumes in-12. — Prix : 8 francs.

LA MORALE OU LA PHILOSOPHIE DES MŒURS

PAR MATTER

1 volume in-12. — Prix : 4 francs.

JOHN HALIFAX GENTLEMAN

TRADUIT DE L'ANGLAIS

PAR AMÉDÉE PICHOT

2 vol. in-12. — Prix : 6 francs

HISTOIRE DES PASTEURS DU DÉSERT

DEPUIS LA RÉVOCATION DE L'ÉDIT DE NANTES

JUSQU'A LA RÉVOLUTION FRANÇAISE, 1685-1789

Par NAPOLÉON PEYRAT

2 volumes in-8°. — Prix : 12 francs

HISTOIRE DE LA RÉFORMATION FRANÇAISE

PAR PUAUX

7 volumes in-12. — Prix : 21 francs

ESSAI SUR LA RELIGION

DES GENS DU MONDE

PAR PUAUX

1 volume in-12. — Prix : 2 francs 50 cent.

PETITES MÉDITATIONS CHRÉTIENNES

A L'USAGE DU CULTE DOMESTIQUE

Par Mme DE WITT, née GUIZOT

2 vol. in-8o. — Chaque volume, 5 fr.

SERMONS

PAR E. VERNY

1 volume in-8o. — Prix : 5 francs 50

L'HÉRITIER DE REDCLYFFE

PAR MISS YONGE

TRADUIT DE L'ANGLAIS

2 volumes in-12. — Prix : 6 francs

Imprimerie de L. Toinon et Ce, à Saint-Germain.

BIBLIOTHEQUE NATIONALE DE FRANCE

www.ingramcontent.com/pod-product-compliance
Lightning Source LLC
LaVergne TN
LVHW010034230826
846091LV00005B/1693

* 9 7 8 2 0 1 1 7 5 6 6 6 4 *

S INTERNATIONAL DE LA PROPRIÉTÉ FONCIÈRE DE 1900

LA QUESTION TECHNIQUE
DU
CADASTRE EN FRANCE

RAPPORT

PAR

M. CHEYSSON

MEMBRE DE L'INSTITUT
INSPECTEUR GÉNÉRAL DES PONTS ET CHAUSSÉES

ET

M. SAINT-PAUL

DIRECTEUR DÉPARTEMENTAL DES CONTRIBUTIONS DIRECTES

RAPPORTEURS GÉNÉRAUX

PARIS
IMPRIMERIE PAUL DUPONT
4, RUE DU BOULOI, 4

1901